El ei mariposa

por Mara Mahía

Scott Foresman
is an imprint of

Glenview, Illinois • Boston, Massachusetts • Chandler, Arizona
Upper Saddle River, New Jersey

Illustrations   **CVR** Marsela H. Krec; **4, 6, 12, 14** George Hamblin

Photographs
Every effort has been made to secure permission and provide appropriate credit for photographic material. The publisher deeply regrets any omission and pledges to correct errors called to its attention in subsequent editions.

Unless otherwise acknowledged, all photographs are the property of Pearson Education, Inc.

Photo locators denoted as follows: Top (T), Center (C), Bottom (B), Left (L), Right (R), Background (Bkgd)

3 (T) © TARMIZY HARVA/Reuters/Corbis; (B) © Eduardo Verdugo/AP Images; **4** (B) © DLILLC/Corbis; (T) © Jenny E. Ross/Corbis; **5** (B) © artconcept/Shutterstock; (T) © Oxford Scientific/Getty Images; **7** (T) Image Farm/Jupiter Images; (C) © mediacolor's/Alamy; (B) © Handout/Malacanang/Reuters; **8** (B) © Neil Beckerman/The Image Bank/Getty Images; (T) Ariadne Van Zandbergen/Alamy; **9** (B) © Paul Souders/The Image Bank/Getty Images; (T) Jay Wanta/Alamy; **11** John Foxx/Getty Images; **12** (B) ©Image Source; (T) © Paul Nicklen/National Geographic/Getty Images; **13** (B) Fabrice BEAUCHENE/Fotolia; (T) Ty Milford/Aurora/Getty Images.

ISBN 13: 978-0-328-53542-2
ISBN 10:   0-328-53542-7

Deslizamientos de tierra en Indonesia

Lluvias intensas y desbordamientos de canales en México

Tormentas torrenciales e inundaciones en la República Dominicana

A diario nos sorprenden las noticias de cambios climáticos bruscos en distintas partes del planeta. Estos cambios y las consecuencias que traen consigo, son conocidos como desastres naturales. Pero, ¿cuánta responsabilidad tiene la naturaleza y cuánta los seres humanos de los desastres naturales?

3

Muchos de los llamados desastres naturales, como un terremoto o la erupción de un volcán, son inevitables. Pero otros son consecuencia directa de la acción de los seres humanos y sí se podrían evitar.

Desde hace unos años, científicos y expertos de todo el mundo han acuñado el término "cambio climático". Según estos profesionales, el **clima** de la Tierra está cambiando rápidamente debido a las acciones de los seres humanos. Todos hemos oído hablar del calentamiento global, un aumento en la temperatura, que está cambiando el clima de todo el planeta. ¿Pero qué es realmente este calentamiento? ¿Por qué se produce y cómo afecta a la Tierra? Para responder a estas preguntas, primero hay que entender el efecto mariposa.

El efecto mariposa

Oso Polar, habitante del Ártico

Pingüino Emperador, habitante de la Antártida

Según un viejo proverbio chino, "el aleteo de una mariposa se puede sentir al otro lado del mundo". Es decir, cuando sucede algo en un lugar, ese suceso afectará a otra cosa en otro lugar del mundo. Un ejemplo del efecto mariposa es la deforestación de los bosques. Deforestar significa talar los árboles de un bosque o despojar un terreno de plantas. Con la deforestación se quiere convertir los bosques en lugares para que pasten los animales o para construir viviendas.

La deforestación de los bosques en América del Sur tiene consecuencias en el clima de América del Norte.

Sin embargo, los bosques cumplen muchas funciones importantes. Entre esas funciones está la de absorber el agua de lluvia. Imagínate que hay una tormenta fortísima. Si el bosque tiene muchos árboles y plantas, juntos impedirán que el agua de la tormenta se deslice con fuerza. Eso impedirá que el terreno se desprenda. A simple vista no parece un asunto peligroso, pero imagínate que esa tormenta se convierta en una lluvia torrencial que dure días y días. Si el suelo del bosque no tiene árboles, comenzará a moverse y se desprenderá. Se lo llevará el agua de la lluvia, que al no tener obstáculos, tomará más fuerza.

Este dibujo ilustra la tala de bosques.

El agua se convertirá en un río tremendo que arrastrará todo lo que encuentre a su paso. Imagínate qué pasaría si en el camino de este río desbocado, hubiera un pequeño poblado de casas hechas de adobe. La gente tendría que huir y los terrenos quedarían inundados y por tanto inservibles para el cultivo o para el pasto de animales. Sería un desastre. Y muchos lo llamarían un desastre natural. ¿Pero fue realmente un desastre provocado sólo por la lluvia torrencial? ¿O fue provocado por la combinación de lluvia y la falta de aquel bosque, que durante miles de años había ayudado a absorber el agua de las tormentas?

1 Agua empapando el suelo.

2 Un río fluyendo a través de rocas y tierra.

3 Deslizamiento de tierra/aluvión de barro

Además, los árboles del bosque también ayudan a absorber el dióxido de carbono, que es un gas que forma parte de los llamados gases de efecto invernadero, que conforman la atmósfera. Estos gases retienen parte de la radiación de los rayos del Sol que atraviesan la atmósfera. Hasta hace unos años, estos gases retenían el porcentaje adecuado de radiación. Gracias a ellos se desarrolla vida en nuestro planeta. Pero debido a la tala de bosques, a la quema de químicos y a la contaminación, entre otras razones, los gases invernadero ahora retienen mucho más calor. Esto significa que la atmósfera de la Tierra está más caliente, lo que produce un calentamiento global.

Efecto dominó

¿Ves la conexión? La tala de un bosque o la quema de productos tóxicos en un lugar de América puede afectar el clima de todo el mundo. También, la desaparición de los **manglares**, terrenos de las zonas tropicales donde crecen árboles de agua salada, hace que nos sintamos más vulnerables cuando ocurren huracanes.

Como puedes observar con el efecto mariposa, en la naturaleza todo está íntimamente relacionado. Piensa en las fichas de un dominó, colocadas de forma vertical una frente a otra. ¿Qué ocurre cuando una de las fichas se cae? Golpea la ficha que tiene delante y ésta a su vez, a la que está delante de ella y así sucesivamente, hasta que todas las fichas terminan por caer. El efecto mariposa en la naturaleza es un poco parecido al efecto dominó.

Por ejemplo, ¿qué crees que puede pasar si la Tierra se calienta demasiado? Piensa en qué pasa con un cubo de hielo cuando lo sacas del refrigerador. Poco a poco se va derritiendo hasta convertirse en agua. El agua del mundo, sus océanos, ríos y mares, cubren un 71% de la superficie de la Tierra. Pero además de agua, en la Tierra hay un continente llamado Antártida o Polo Sur, completamente cubierto de hielo. También en el Polo Norte, hay otra masa de tierra cubierta de hielo, el círculo polar Ártico. El Ártico es un gran océano cubierto de banquisa, un conjunto de capas de hielo flotante.

Cuando sacas un cubo de hielo del refrigerador se derrite.

El hielo del Polo Norte y del Polo Sur es igual al hielo de tu refrigerador. Si se calienta se derretirá hasta convertirse en agua. Desde hace años, los científicos de todo el mundo han notado que el hielo de los polos ha comenzado a derretirse a consecuencia del calentamiento del planeta. A primera vista no parece un asunto importante. Unos pedazos de hielo que se derriten no parece asunto para alarmarse. Pero recuerda el efecto mariposa.

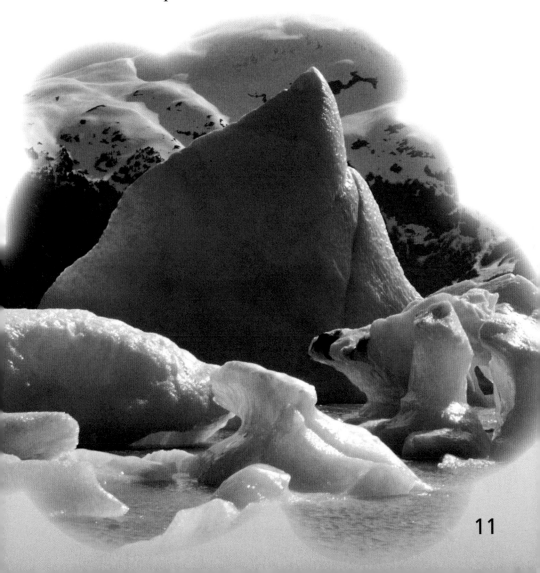

Por ejemplo, en el Ártico viven muchos osos polares y muchas focas. Las focas nadan muy bien pero, como no son peces, no pueden pasarse todo el día dentro del agua. Necesitan salir y vivir sobre la superficie sólida de hielo, que conforma el Ártico. Si se derrite el hielo, las focas tendrán menos espacio sólido para vivir. Además algunos peces que comen las focas no pueden sobrevivir en aguas más templadas. Los osos polares comen focas, y si no hay suficiente comida para las focas, entonces tampoco habrá suficiente comida para los osos. Cuando los animales no encuentran los **nutrientes** que necesitan, no pueden sobrevivir.

¿Dónde vivirán?

Mamá osa con
su cachorro

Focas

Lo mismo sucede en la Antártida o Polo Sur. En este polo viven muchos pingüinos. Los pingüinos son **ovíparos**, aves que ponen huevos. Aunque nadan muy bien, los pingüinos no pueden poner sus huevos en el agua. Para tener crías necesitan poner sus huevos en una superficie sólida, en este caso el hielo del Polo Sur. Pero si el hielo se derrite, no podrán poner sus huevos.

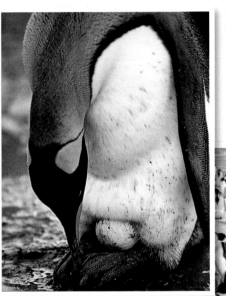

Pingüino Emperador incubando su huevo entre las patas.

Pingüino Emperador con sus crías

De igual forma que el calentamiento afecta a pingüinos, osos y focas, también afecta a las aves migratorias, a las plantas, a los peces y a todos los seres vivos. El efecto mariposa del calentamiento de los polos puede afectar a miles de millones de especies de animales y plantas. Puede alterar por completo la flora y la **fauna silvestres** de un lugar, además de la vida de muchos **ecosistemas**. Puede afectar el nivel de los océanos del planeta y, por supuesto, puede afectarnos a nosotros, los seres humanos.

Imagina qué pasaría si el nivel de agua de los océanos aumentara. ¿Qué pasaría con los pueblos y ciudades que están situados cerca del **litoral**? ¿Cómo les afectaría un aumento del nivel de agua del océano? Está claro que el efecto mariposa no es un asunto para tomarse a la ligera. Por eso es importante entender que la interrelación de la naturaleza nos incluye a los seres humanos. Porque todos, seres humanos, animales y plantas, vivimos en el mismo planeta. Por eso debemos aprender a convivir tan bien como dos buenos vecinos.

Glosario

clima *s.m.* Conjunto de fenómenos meteorológicos que caracterizan una región.

ecosistemas *s.m.* Comunidades de seres vivos que se relacionan entre sí y se desarrollan en un mismo ambiente.

fauna *s.f.* Conjunto de los animales de un país o región.

litoral *s.m.* Costa de un mar, país o territorio.

manglar *s.m.* Terreno que las mareas cubren de agua en la zona tropical.

nutrientes *s.m.* Sustancias contenidas en los alimentos que cumplen diversas funciones en el organismo.

ovíparos *adj.* Se dice de los animales que ponen huevos antes o después de la fecundación.

silvestres *adj.* Que crecen o se crían espontáneamente, sin cultivo, en bosques o campos.